¿CÓMO PUEDO EXPERIMENTAR CON... ?

LA ELECTRICIDAD

Cindy Devine Dalton

Cindy Devine Dalton es graduada de Ball State University, Indiana, con un grado de Bachiller en Ciencias de la Salud. Enseñó Ciencias de la Salud por algunos años en los grados 9-12.

Teresa and Ed Sikora

Teresa Sikora enseña Matemáticas y Ciencias en 4 to. grado. Se graduó con un Bachiller en Ciencias en Educación Primaria y recientemente obtuvo la Certificación Nacional para la Enseñanza Media General. Está casada y tiene dos niños.
Ed Sikora es un ingeniero aeroespacial que ha trabajado en los motores principales de las naves espaciales. Tiene un grado de Bachiller en Ciencias en Ingeniería Aeroespacial por la Universidad de Florida y una maestría en Ciencias de la Computación por el Instituto de Tecnología de Florida.

Rourke
Educational Media

rourkeeducationalmedia.com

www.rourkeeducationalmedia.com

PROJECT EDITORS
Teresa and Ed Sikora

PHOTO CREDITS
Gibbons Photography
PhotoDisc
Walt Burkett, Photographer

ILLUSTRATIONS
Kathleen Carreiro

EDITORIAL SERVICES
Pamela Schroeder

Editorial/Production Services in Spanish
by Cambridge BrickHouse, Inc
www.cambridgebh.com

Dalton, Cindy Devine,
La electricidad / Cindy Devine Dalton
(¿Cómo puedo experimentar con... ?)
 ISBN 978-1-63155-037-9 (hard cover - Spanish)
 ISBN 978-1-62717-274-5 (soft cover - Spanish)
 ISBN 978-1-62717-479-4 (e-Book - Spanish)
 ISBN 978-1-58952-016-5 (soft cover - English)
 Library of Congress Control Number: 2014941411

Printed in China, FOFO I - Production Company
 Shenzhen, Guangdong Province

Also Available as:
ROURKE'S
e-Books

Rourke
Educational Media

rourkeeducationalmedia.com

customerservice@rourkeeducationalmedia.com • PO Box 643328 Vero Beach, Florida 32964

Electricidad: Un tipo de energía formada por partículas cargadas.

Cita:

"Descubrir algo es ver lo que todos han visto y pensar lo que nadie ha pensado".

—Albert Szent-Gyorgyi

Contenido

¿Qué es la electricidad?

La electricidad trabaja de muchas maneras. Generalmente pensamos en la electricidad como "algo" que proporciona la energía que usamos en nuestras casas. ¿Verdad? Eso es cierto. Sin embargo, la electricidad es mucho más que eso. Es una forma de energía que pone en marcha las maquinarias. Puede ser transformada en otros tipos de energía como el calor, la luz y el movimiento.

Grandes centrales como esta proporcionan electricidad a nuestros hogares y negocios.

¿Por qué es importante la materia?

Todo lo que ves, escuchas, pruebas y hueles está hecho de materia. La **materia** está hecha de partículas muy pequeñas llamadas **átomos**. Los átomos están constituidos por **protones**, **neutrones** y **electrones**. La electricidad se transfiere o se mueve a través del flujo de los electrones.

Todo lo que ves, escuchas, pruebas y hueles está hecho de materia

Electricidad estática

¿Has frotado alguna vez tus calcetines en la alfombra y luego has tocado a alguien? ¿Viste una chispa? Creaste electricidad estática.

La electricidad estática se forma cuando un sólido, como tus calcetines, es forzado a liberar electrones. Tus calcetines pierden electrones cuando los frotas en la alfombra, dejando un "agujero". Los electrones tienen una carga negativa. Como se liberaron electrones, el "agujero" tiene una carga positiva. Has creado un campo eléctrico. Tanto las cargas positivas como las negativas quieren moverse a través del campo eléctrico.

Cuando tocas a alguien, se origina una corriente conocida como electricidad estática. Esto es la chispa que ves. Una corriente de electricidad estática solo dura unos segundos. No la podemos usar para dar energía a nuestras casas.

Es muy divertido crear electricidad estática. Es una descarga muy rápida de energía eléctrica.

Los opuestos se atraen

Otra forma de ver la electricidad estática es frotar un globo en tu cabeza. Luego, quitar el globo y, ¡guaoo!, has creado electricidad estática. Lo que has hecho es quitar algunos de los electrones cargados negativamente de tu cabello. El globo tiene más electrones con carga negativa. Por ello atrae o tira de tu cabello, que tiene una carga positiva.

¿Recuerdas los protones de que hablamos antes? Tienen una carga positiva. Están fuera de equilibrio sin la carga negativa de los electrones. ¿Has oído el dicho "los opuestos se atraen"? ¡Es verdad! Los electrones cargados negativamente son atraídos por los protones cargados positivamente.

¡La electricidad estática te puede poner los pelos de punta!

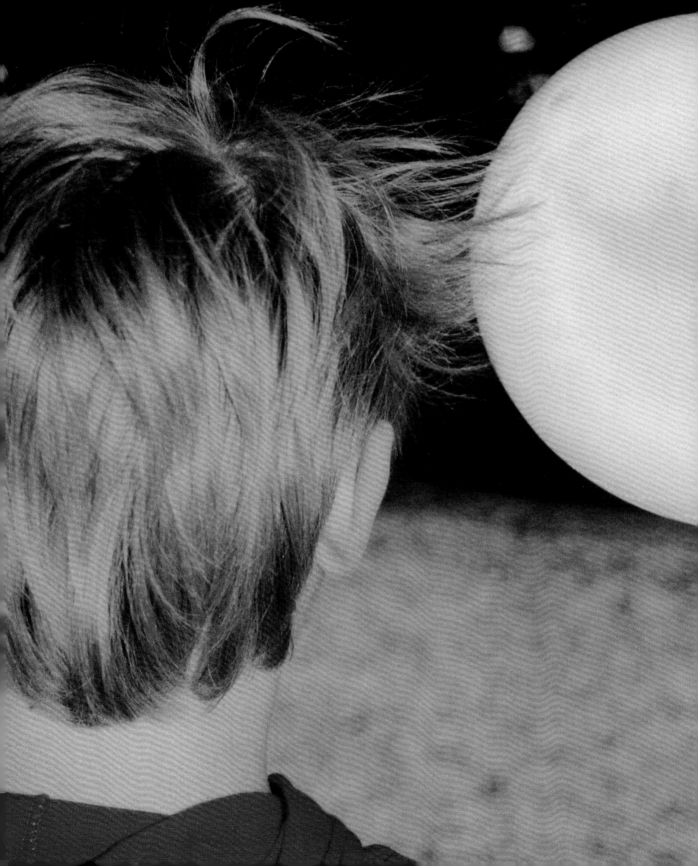

¿Qué es un conductor?

Un **conductor** es algo que permite que los electrones y la electricidad fluyan. La mayoría de los metales son buenos conductores. Es por ello que ves cables de plata y de cobre en lámparas, estéreos y postes telefónicos.

Los malos conductores no permiten que los electrones o la electricidad fluyan a través de ellos. Algunos ejemplos son la goma, el plástico o el vidrio. Estos son buenos **aislantes**. Evitan que las cargas eléctricas se escapen.

Los cables metálicos de los equipos electrodomésticos están metidos dentro de plástico o de goma para hacerlos más seguros.

¿Qué es la corriente eléctrica y de dónde viene?

¿Sabías que un rayo es electricidad? En el rayo los electrones se mueven rápidamente y desaparecen. Una corriente eléctrica es diferente, los electrones siguen moviéndose a través de un conductor, como el alambre. Las centrales eléctricas producen electricidad y la envían a través de un cable a tu casa.

Existen diferentes fuentes de electricidad, como las reacciones químicas en una batería, o la quema de carbón o petróleo en las plantas de energía. La energía solar, la energía del agua y la energía nuclear también pueden convertirse en electricidad.

Las baterías crean una corriente eléctrica que hace funcionar este juego.

¿Qué es un circuito eléctrico?

Un **circuito** eléctrico es un camino por el que los electrones pueden moverse sin ser detenidos. Mira la foto. Un circuito tiene una fuente de electrones, como una batería, que produce una carga eléctrica. También cuenta con un conductor, o alambre, que conecta el bombillo con la batería. Este es un circuito completo. Los electrones se mueven desde la batería, a lo largo del conductor, hasta el bombillo. El bombillo se enciende. Entonces los electrones vuelven a la batería.

Todo lo que funciona con energía eléctrica tiene un circuito eléctrico.

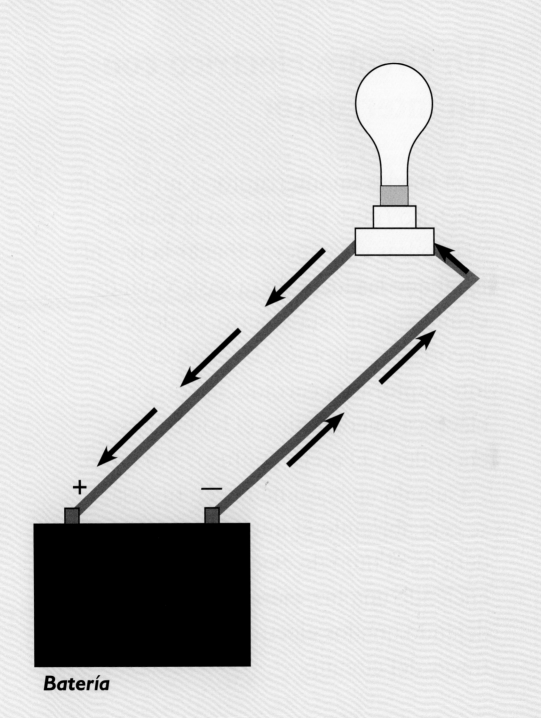

Batería

Un circuito eléctrico con un interruptor

Si añades un interruptor a un circuito eléctrico (mira las fotos en la página 21) podrás encender y apagar la luz, al igual que las luces de tu casa. Cuando el interruptor está abierto, se detiene la corriente eléctrica. Cuando el interruptor está cerrado, la corriente eléctrica puede fluir y el bombillo se encenderá. ¿Parece confuso? No tanto.

Cuando apagas una luz en tu casa, se está abriendo el interruptor, esto detiene el flujo de electrones. Cuando se enciende una luz, cierras el interruptor, dejando que los electrones fluyan a través del circuito.

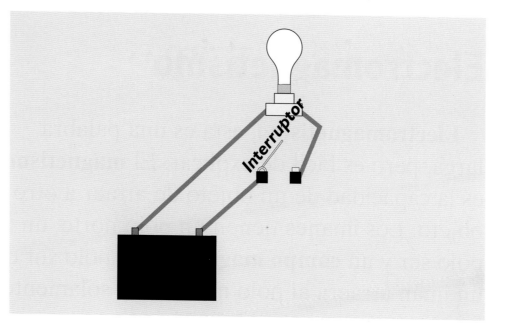

Cuando el interruptor está abierto, se detiene la corriente y la lámpara permanece apagada.

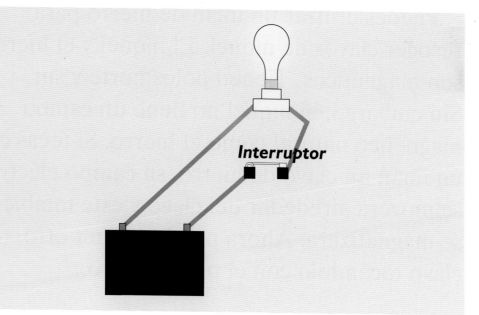

Cuando el interruptor está cerrado, la corriente puede fluir y se enciende el bombillo.

Electromagnetismo

Electromagnetismo, esta es una palabra larga, pero es fácil de explicar. El **magnetismo** es la capacidad de un objeto de atraer a otro objeto. Los imanes tienen un polo norte, un polo sur y un **campo magnético**. El polo sur de un imán atraerá al polo norte. Hay solamente tres imanes naturales en la Tierra: el hierro, el cobalto y el níquel.

Puedes utilizar un imán de hierro para recoger clavos de níquel. El níquel y el hierro son magnéticos. Tienen polos norte y sur. Sin embargo, el níquel no tiene un campo magnético natural como el hierro. Si tocas con un imán un clavo de hierro, su campo eléctrico se moverá alrededor del clavo y este también se magnetizará. Ahora puedes atraer otro clavo tocándolo con el primer clavo.

Una brújula utiliza los campos magnéticos de la Tierra y los polos Norte y Sur para señalarte la dirección correcta.

Práctica:
Cereal ondulante

¿Qué necesitas?:
- un globo
- cuerda
- pedacitos de cereal   (Trigo inflado o en forma de O)
- Suéter o manta de lana

Prueba esto:

1. Ata un pedazo de cereal a un extremo de un pedazo de hilo de 12 pulgadas.
2. Ata el otro extremo del hilo de tal manera que el cereal quede colgando. (Puedes pegar el hilo con cinta adhesiva al borde de la mesa, pero consulta primero con tus padres.)
3. Lava el globo para remover cualquier aceite o grasa y sécalo bien.

4. Frota el globo en un suéter de lana para añadirle carga.

5. Lentamente lleva el balón cerca del cereal. El cereal se moverá hasta tocar el balón. Mantenlo inmóvil hasta que el cereal retroceda por sí mismo.

6. Ahora intenta llevar el balón hasta el cereal otra vez. El cereal se alejará cuando le acerques el globo.

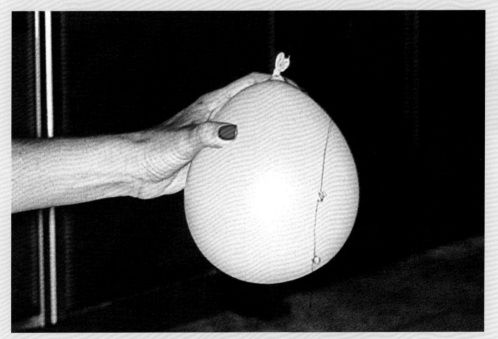

El cereal es atraído rápidamente hacia el globo.

¿Qué pasó?

Al frotar el globo en la lana, se movieron los electrones de la lana hacia el globo. El globo tenía una carga negativa. El cereal no tenía carga y fue atraído por el globo negativo. Cuando se tocaron, los electrones pasaron del globo al cereal. Cuando ambos tuvieron la misma carga negativa, se separaron el uno del otro.

Seguridad:
Qué hacer y qué no hacer

! No toques nada que sea eléctrico con las manos mojadas.

! Nunca juegues con interruptores de luz, enchufes eléctricos, cables u otros dispositivos.

! Siempre desconecta el enchufe, no hales el cable.

! Nunca metas algo diferente de un enchufe en un tomacorriente.

! No uses tu radio o secador de pelo cerca de la bañera o fregadero.

! Nunca toques nada eléctrico si estás parado sobre agua.

! Si tu cable eléctrico está deshilachado, díselo a un adulto de inmediato.

! Si tu enchufe o tomacorriente suelta chispas, díselo a un adulto de inmediato.

! Apaga todos los aparatos eléctricos durante una tormenta y no te metas en la ducha ni uses el teléfono. Un rayo viaja a través de cables y tuberías.

¿Qué sabes de la electricidad?

(Las respuestas están en la parte inferior de la página 29)

1. ¿Verdadero o falso?
Un conductor es algo que permite que los
electrones y la electricidad fluyan.
—Verdadero   —Falso

2. ¿Qué carga tiene un electrón?
___ positiva
___ negativa
___ neutra
___ lenta

3. ¿Qué material es mejor conductor de la electricidad?
___ metal
___ madera
___ pizarrón
___ agua

4. Todo lo que puedes ver y tocar está hecho de:

___ aire

___ sólidos

___ gases

___ materia

5. ¿Cuánto más limpios son los coches eléctricos que los de gasolina?

___ 100%

___ 50%

___ 0%

___ 97%

6. Si ves las palabras "Peligro: alto voltaje" en un equipo eléctrico, debes:

___ mantenerte lejos de los equipos y jugar en otra parte

___ tomarle una foto

___ poner un puesto de limonada al lado

1. verdadero   2. negativa   3. metal   4. materia   5. 97%

6. mantenerte lejos de los equipos y jugar en otra parte

Glosario

aislantes — materiales que impiden el paso
de la electricidad

átomos — pequeñas partículas hechas de protones,
neutrones y electrones

campo magnético — la zona cerca de un imán.

conductor — material que puede transmitir
la electricidad

circuito— camino por donde puede pasar
la electricidad

electromagnetismo — magnetismo provocado por
una corriente de electricidad

electrones — las partes de un átomo que tienen
una carga negativa

magnetismo — atrae a los metales, o produce un campo magnético, como con un imán

materia — aquello de lo que todo está hecho

neutrones — partículas del átomo sin carga

protones — partículas del átomo con carga positiva

Más lectura

Exploring Physical Science, Prentice Hall, 1999
Let's Wonder About Science, Rourke Press, 1995
Energy and Action, Rourke Press, 1995

Sitios de la internet

www.studyweb.com
www.askanexpert.com
www.howthingswork.com

Índice